Beteiligungscontrolling

Thomas Eulenpesch

Beteiligungscontrolling

Bibliografische Information der Deutschen Nationalbibliothek:

Die Deutsche Nationalbibliothek verzeichnet diese Publikation in der Deutschen Nationalbibliografie; detaillierte bibliografische Daten sind im Internet über http://dnb.dnb.de abrufbar.

ISBN: 978-3-944844-06-0

Autor: **Thomas Eulenpesch**

INHALTSVERZEICHNIS

1 EINLEITUNG

In dieser wissenschaftlichen Arbeit werde ich das Thema des Beteiligungscontrollings aus der Investitions- sowie Steuerungsperspektive behandeln. Hierbei gehe ich insbesondere auf die Grundlagen des Beteilungscontrollings ein. Zudem werde ich ebenfalls die verschiedenen Phasen der Investition, der strategisch ausgerichteten Investition und der Optimierung des Gesamtportfolios erklären.

In den Grundlagen werde ich auf die Arten der Beteiligungen und die Arten des Beteiligungscontrollings, als auch auf die grundlegenden Aufgaben des Beteiligungscontrollings und dessen Instrumente eingehen.

Bei den Investitionsphasen werde ich die Erfassung der Basisdaten, die Kontaktaufnahme zu den potenziellen Unternehmen, sowie die Beurteilung deren Unternehmensdaten behandeln. Im weiteren Verlauf gehe ich bei einem positiven Ausblick auf die Transaktion und die anschließende Integration in die Konzernstrukturen ein.

In den Punkten 4 und 5 werde ich die Möglichkeiten und das Verfahren der strategischen Investitionen, die Optimierung des bestehenden Portfolios, sowie die dazu notwendigen Schritte erklären.

Zum Abschluss der Arbeit werde ich das Beteiligungscontrolling noch einmal in der Gesamtheit betrachten und daraus ein Fazit ziehen.

2 GRUNDLAGEN DES BETEILIGUNGSCONTROLLINGS

Der Beteiligungsbegriff kann aus verschiedenen Blickwinkeln betrachtet werden, hierbei ist im Wesentlichen zwischen der unternehmerischen und der wirtschaftlichen Beteiligung, sowie einer Beteiligung gemäß dem Handels- und dem Steuerrecht zu unterscheiden.

Bei der unternehmerischen Beteiligung handelt es sich um eine Möglichkeit der Einflussnahme auf ein anderes Unternehmen basierend auf einer Beteiligung an einem anderen Unternehmen. Die Einflussnahme kann beispielsweise auf Verträgen oder persönlichen Beziehungen basieren. Hierbei ist jedoch zu beachten, dass die Einflussnahme durch den Inhaber der Beteiligung nicht ausgeführt werden muss.[1]

---

[1] Burger,A., Ulbrich, P., Ahlemeyer, N. (2010) Beteiligungscontrolling, S. 7

Im Gegensatz dazu besteht die Voraussetzung bei der wirtschaftlichen Beteiligung darin, dass die Einflussnahme auf die Unternehmenspolitik im anderen Unternehmen auch genutzt wird. Zudem müssen eine Gewinn- und Verlustbeteiligung sowie eine Beteiligung an einem eventuellen Liquidationserlös bestehen.[2]

Eine Beteiligung ist üblicherweise nur an einer juristischen Person möglich, da sich Personengesellschaften gewöhnlicher weise nicht zu einer Fremdgeschäftsführung eignen. Für die rechtlichen Rahmenbedingungen bestehen bei einer Beteiligung an einer Aktiengesellschaft teilweise andere Regelungen als bei einer Beteiligung an einer GmbH. Zudem bestehen auch nachfolgend grundlegende Regelungen im HGB und im EStG.[3]

---

[2] Burger,A., Ulbrich, P., Ahlemeyer, N. (2010) Beteiligungscontrolling, S. 7

[3] Burger,A., Ulbrich, P., Ahlemeyer, N. (2010) Beteiligungscontrolling, S. 11

Im juristischen Sinne kann eine Beteiligung im Zusammenhang mit dem Handelsgesetzbuch und dem Einkommenssteuergesetz betrachtet werden. Gemäß § 271 Handelsgesetzbuch sind Beteiligungen *„Anteile an anderen Unternehmen, die bestimmt sind, dem eigenen Geschäftsbetrieb durch Herstellung einer dauernden Verbindung zu jenen Unternehmen zu dienen. Dabei ist es unerheblich, ob die Anteile in Wertpapieren verbrieft sind oder nicht. Als Beteiligung gelten im Zweifel Anteile an einer Kapitalgesellschaft, die insgesamt den fünften Teil des Nennkapitals dieser Gesellschaft überschreiten. […] Die Mitgliedschaft in einer eingetragenen Genossenschaft gilt nicht als Beteiligung im Sinne dieses Buches.*

Verbundene Unternehmen im Sinne dieses Buches sind solche Unternehmen, die als Mutter- oder Tochterunternehmen (§ 290) in den Konzernabschluss eines Mutterunternehmens nach den Vorschriften über die Vollkonsolidie-rung einzubeziehen sind, das als oberstes Mut-terunternehmen den am weitest gehenden Konzernabschluss nach dem zweiten Unterab-schnitt aufzustellen hat, auch wenn die Aufstel-lung unterbleibt, oder das einen befreienden Konzernabschluss nach § 291oder nach einer nach § 292 erlassenen Rechtsverordnung auf-stellt oder aufstellen könnte; Tochterunterneh-men, die nach § 296 nicht einbezogen werden, sind ebenfalls verbundene Unternehmen."[4]

Wichtige Faktoren bei der Beteiligung an einem anderen Unternehmen sind die Beteiligungs-quoten. Hierbei muss zwischen einer Minder-heitsbeteiligung, einer Sperrminorität, einer ein-fachen- und einer qualifizierten Mehrheitsbetei-ligung unterschieden werden.

---

[4] Handelsgesetzbuch § 271

Eine Kleinbeteiligung liegt bei einer Beteiligungsquote unter 5% vor, eine Minderheitsbeteiligung bei bis zu 25%. Die Sperrminorität liegt bei einer Quote von 25% bis zu 50% vor, bei einer Quote von 50% liegt eine Beteiligung zu gleichen Teilen vor.[5]

Die einfache Mehrheitsbeteiligung liegt zwischen 50% und 75%, über 75% ergibt sich eine qualifizierte Mehrheitsbeteiligung. Zwischen 95% und unterhalb von 100% liegt eine sogenannte Eingliederungsbeteiligung beziehungsweise eine Squeeze-out-Beteiligung vor.[6]

---

[5] Burger,A., Ulbrich, P., Ahlemeyer, N. (2010) Beteiligungscontrolling, S. 13ff

[6] Burger,A., Ulbrich, P., Ahlemeyer, N. (2010) Beteiligungscontrolling, S. 13ff

2.1 ARTEN DES BETEILIGUNGS-CONTROLLINGS

Bei dem Beteiligungscontrolling kann zwischen dem operativen und dem strategischen Beteiligungscontrolling unterschieden werden. Hierbei kann die Entscheidung insbesondere über die Dauer der Ausrichtung des Konzeptes unterschieden werden.[7]

Das strategische Beteiligungscontrolling ist eher langfristig ausgerichtet und verfolgt übergeordnete Ziele, wie beispielsweise die Portfolioplanung auf Gruppenebene. Durch strategische Investitionen und Desinvestitionen soll somit der Erfolg des Portfolios sichergestellt werden.[8]

Auch kann durch eine Veränderung der Ausrichtung bei dem strategischen Beteiligungs-

---

[7] Burger,A., Ulbrich, P., Ahlemeyer, N. (2010) Beteiligungscontrolling, S. 87

[8] Burger,A., Ulbrich, P., Ahlemeyer, N. (2010) Beteiligungscontrolling, S. 87

controlling der planmäßige Erfolg übertroffen o-
der ein Verlust gemindert oder vermieden werden. Auch kann durch das Planungs- und Berichtwesen die Zielsetzung überprüft und mit
vergangenen Transaktionen verglichen werden.[9]

Im Gegensatz zum strategischen Beteiligungscontrolling ist das operative Beteilungcontrol-
ling eher kurzfristig ausgerichtet. Jedoch wird
das operative Beteiligungscontrolling vom strategischen beeinflusst.[10]

Von grundlegender Bedeutung ist hierbei, dass
eine Abstimmung zwischen allen Ebenen des
Managements getroffen wird, um letztendlich
die strategischen Ziele zu erreichen. Denn die
operativen Planungen müssen sich letztendlich
auch zur Erreichung der strategischen Ziele

---

[9] Burger,A., Ulbrich, P., Ahlemeyer, N. (2010) Beteiligungscontrolling,
S. 87

[10] Burger,A., Ulbrich, P., Ahlemeyer, N. (2010) Beteiligungscontrolling,
S. 87ff

umsetzen lassen, hierzu werden üblicherweise ebenfalls Daten gesammelt und dem strategischen Beteiligungscontrolling zur Verfügung gestellt.[11]

Jedoch sollten im Unternehmen immer beide Arten des Beteiligungscontrollings gleichzeitig betrachtet werden, da diese in einer gewissen Abhängigkeit zueinander stehen.[12]

2.2 ARTEN DER BETEILIGUNG

Bei den Arten der Beteiligung wird üblicherweise insbesondere zwischen einer offenen und einer stillen Beteiligung unterschieden.

Bei einer offenen Beteiligung werden Anteile an der anderen Firma erworben. Somit zählt das in

---

[11] Burger,A., Ulbrich, P., Ahlemeyer, N. (2010) Beteiligungscontrolling, S. 88

[12] Burger,A., Ulbrich, P., Ahlemeyer, N. (2010) Beteiligungscontrolling, S. 88

das Unternehmen investierte Kapital zum Eigenkapital, hierbei können entweder bestehende Eigenkapitalanteile übernommen oder
neue Anteile im Zuge einer Kapitalerhöhung erworben werden.[13]

Somit ist bei der offenen Beteiligung auch eine
Unternehmensbewertung vor der Anteilsübernahme sinnvoll. Nach der Anteilsübernahme
liegt der Fokus oftmals auf dem Wertzuwachs
statt auf der Gewinnausschüttung. Auch ist bei
der offenen Beteiligung das Mitspracherecht
basierend auf dem prozentualen Anteil oftmals
sehr weitgehend.[14]

Bei einer typischen stillen Beteiligung wird dem
Unternehmen ein vereinbarter Geldbetrag zur
Verfügung gestellt, auch wenn der Betrag, wie
bei einem Kredit, üblicherweise zurückgezahlt

---

[13] Burger,A., Ulbrich, P., Ahlemeyer, N. (2010) Beteiligungscontrolling,
S. 12ff

[14] Burger,A., Ulbrich, P., Ahlemeyer, N. (2010) Beteiligungscontrolling,
S. 12ff

wird, ist das Beteiligungskapital als eigenkapitalähnlich einzustufen.[15]

Bei der Beteiligung kann ein Beteiligungsentgelt festgelegt werden, dieser stellt jedoch eine steuermindernde Betriebsausgabe dar. Auch erfolgt eine Partizipation am Unternehmensgewinn beziehungsweise am Verlust des Unternehmens. Die Beendigung der Beteiligung erfolgt im Gegensatz zur offenen Beteiligung, bei der der Prozess durch den Anteilsver-, bzw. -rückkauf oder die komplette Tilgung beendet wird.[16]

---

[15] Burger,A., Ulbrich, P., Ahlemeyer, N. (2010) Beteiligungscontrolling, S. 12ff

[16] Burger,A., Ulbrich, P., Ahlemeyer, N. (2010) Beteiligungscontrolling, S. 12ff

2.3 AUFGABEN DES BETEILIGUNGS-CONTROLLINGS

Als Grundlage für das Beteiligungscontrolling muss als Basis das Verständnis von Unternehmensbewertungen vorhanden sein. Jedoch darf das Beteiligungscontrolling nicht mit den Aufgaben des Konzern-Controllings verwechselt werden.

Die Hauptaufgabe des Beteiligungscontrollings besteht üblicherweise darin, das Konzern-Controlling beim Management von Unternehmensbeteiligungen zu unterstützen, um letztendlich vorgegebene Ziele zu erreichen. Hierbei ist jedoch zu beachten, dass das Beteiligungscontrolling ebenfalls als ein Unterbereich der Konzernführung angesehen werden kann.[17]

Dass das Beteiligungscontrolling als ein Bestandteil des Konzern-Controllings angesehen

---

[17] Dreher, M. (2010) Unternehmenswertorientiertes Beteiligungscontrolling, S. 24ff

werden kann, lässt sich unter anderem damit begründen, dass üblicherweise Investitionen und Deinvestitionen nicht als Hauptbestandteile das Beteiligungscontrollings einordnen.[18]

Somit besteht die Hauptaufgabe des Beteiligungscontrollings aus der Koordination, Planung, Kontrolle und der Beschaffung sowie des Anbietens von Informationen in Bezug auf die Unternehmensbeteiligungen. Insbesondere die Kontrolle ist von grundlegender Bedeutung, da hierdurch der Unternehmenserfolg sichergestellt werden kann.[19]

Oftmals sind neben der Informationsbeschaffung beziehungsweise dem Sammeln von notwendigen Daten auch die Bündelung der Daten sowie die Steuerung des Unternehmens und

---

[18] Dreher, M. (2010) Unternehmenswertorientiertes Beteiligungscontrolling, S. 25

[19] Dreher, M. (2010) Unternehmenswertorientiertes Beteiligungscontrolling, S. 26

die Koordination der Prozessabläufe ein Bestandteil des Beteiligungscontrollings.[20]

2.4 INSTRUMENTE DES BETEILIGUNGS-CONTROLLINGS

Bei den Instrumenten des Beteiligungscontrollings kann grundsätzlich zwischen strategischen und operativen Instrumenten unterschieden werden.

Zu den häufig verwendeten strategischen Instrumenten zählen die Potenzial-, Erfahrungskurven- und Portfolio-Analyse sowie das Produktlebenszykluskonzept. Bei der Potenzialanalyse wird das Potenzial, sowie die Schwächen des potenziellen Unternehmens bewertet und mit den anderen potenziellen Unternehmen

---

[20] Dreher, M. (2010) Unternehmenswertorientiertes Beteiligungscontrolling, S. 27

verglichen. Ein Vergleich der externen und internen Erfolgs- sowie Fähigkeitspotenziale liefert ein zuverlässiges Ergebnis in Bezug auf die Realisierbarkeit des Vorhabens. [21]

Die Portfolio-Analyse hingegen liefert Daten über die angebotene Produktpalette sowie dessen Stellung am Markt. Hieraus können gegebenenfalls neue Maßnahmen beziehungsweise Gegenreaktionen auf das Marktverhalten entwickelt werden.[22]

Bei der Erfahrungskurvenanalyse werden die eigenen Kosten der Gesamtproduktion auf die Stückkosten umgerechnet und diese mit den Stückkosten eines Mitbewerbers beziehungsweise eines potenziellen Akquisitionskandidaten verglichen. Hieraus können ebenfalls

---

[21] Schaefer, C. (2003) Steuerung und Kontrolle von Investitionsprozessen, S. 233

[22] Schaefer, C. (2003) Steuerung und Kontrolle von Investitionsprozessen, S. 234

Schlussfolgerungen auf die zukünftige Entwicklung der Stückkosten gezogen werden.[23]

Die Analyse des Produktlebenszyklus zeigt auf, in welchem Bereich des Zyklus sich ein Produkt befindet. Sofern sich dieses bereits in der Mitte des Zyklus befindet beziehungsweise sich dem möglichen Ende nähert, müssen Gegenmaßnahmen ergriffen oder die Entwicklung eines neuen Produktes begonnen werden. Dies hat ebenfalls eine große Bedeutung im Vergleich zu den Mitbewerbern sowie bei der Auswahl eines Akquisitionskandidaten.[24]

Die operativen Instrumente sind Instrumente, die grundlegenderweise in jedem Unternehmen eingesetzt werden. Hierbei handelt es sich bei-

---

[23] Schaefer, C. (2003) Steuerung und Kontrolle von Investitionsprozessen, S. 234

[24] Schaefer, C. (2003) Steuerung und Kontrolle von Investitionsprozessen, S. 235

spielsweise um das Rechnungs- und Berichtwesen, den Einsatz von Kennzahlen sowie die
Finanzplanung.[25]

Im Rechnungswesen werden alle Buchungen
des Unternehmens erfasst. Es liefert somit
wertvolle Daten über den wirtschaftlichen Verlauf im Unternehmen und dessen Liquidität.
Hierbei hat das interne Rechnungswesen jedoch eine größere Bedeutung als das externe,
da im Mittelpunkt des internen Rechnungswesens die Kosten- und Leistungsrechnung
steht.[26]

Die Aufgabe des Berichtwesens liegt darin, alle
notwendigen Informationen aus dem Rechnungswesen für das Unternehmen zusammen-
zutragen und somit selektierte Daten zur Verfügung zu stellen.

---

[25] Schaefer, C. (2003) Steuerung und Kontrolle von Investitionsprozessen, S. 235

[26] Schaefer, C. (2003) Steuerung und Kontrolle von Investitionsprozessen, S. 235

Aus den Daten des Rechnungswesens können für das Berichtwesen Kennzahlen, zur Ermittlung von strategischen Stellungen und zum Vergleich des aktuellen Zustandes mit dem Soll errechnet werden.[27]

Die Finanzplanung beziehungsweise die Budgetierung ist ebenfalls von grundlegender Bedeutung für das Beteiligungscontrolling. Hierbei wird die zur Verfügung stehende Geldmenge auf die einzelnen Abteilungen verteilt. Zeitgleich kann die Finanzplanung auch zur Kontrolle und Ermittlung von Abweichungen bei den Kosten und Erträgen genutzt werden.[28]

---

[27] Schaefer, C. (2003) Steuerung und Kontrolle von Investitionsprozessen, S. 236

[28] Schaefer, C. (2003) Steuerung und Kontrolle von Investitionsprozessen, S. 236

3 INVESTITIONSPHASEN

Am Beginn der Investitionsphase steht üblicherweise die Erstellung beziehungsweise die Gestaltung der Verträge, die für den Beteiligungserwerb notwendig sind. Anschließend an diesen Teil der Phase erfolgt die Post Merger Integration des Unternehmens. Jedoch besteht die Investitionsphase noch aus vielen weiteren Schritten, die ich nachfolgend erläutern werde.

Durch die Investition in ein anderes Unternehmen können verschiedene Ziele verfolgt werden. Ein wichtiger Bestandteil ist hierbei die Erzielung von Synergien. Dies sind unter anderem leistungswirtschaftliche Synergien, wie economies of scale, scope und scheduling sowie multiplant economies.[29]

Des Weiteren spielen finanzwirtschaftliche Synergien wie die Verringerung der Kapital- und

---

[29] Burger,A., Ulbrich, P., Ahlemeyer, N. (2010) Beteiligungscontrolling, S. 113

Kapitalbeschaffungskosten, steuerliche Vorteile, Risikodiversifikation sowie eine höhere Verschuldungskapazität eine große Rolle.

Auch können bei der Investition in ein anderes Unternehmen Vorteile bei der Forschung und Entwicklung, Beschaffung, Produktion, sowie im Marketing und Vertrieb entstehen.[30]

Durch strategische Investitionen kann sowohl die Flexibilität gesteigert, als auch die Abgrenzung beziehungsweise Verteidigung zum Mitbewerber erhöht werden. Zeitgleich können auch Informationsasymmetrien ausgenutzt werden.

Insbesondere bei der Akquisition von Firmen im Ausland können die Kapitalkostenvorteile von größerer Bedeutung sein. Hierbei kann das Unternehmen seine Beziehungen zu den Banken

---

[30] Burger,A., Ulbrich, P., Ahlemeyer, N. (2010) Beteiligungscontrolling, S. 113

im Ausland ausnutzen und somit beispielsweise niedrigere Zinsen oder Gebühren erzie-
len.[31]

Durch die Zusammenarbeit mit dem akquirier-
ten Unternehmen können die Kenntnisse der
beiden Unternehmen genutzt werden, um somit
neue, effizientere beziehungsweise gefragtere
Produkte zu entwickeln. Auch können bei der
Akquisition eines ausländischen Unternehmens bestehende Patente beziehungsweise Li-
zenzen dort eingesetzt werden, um ein Produkt
dort günstiger zu produzieren. Es können durch
den Kauf von größeren Rohstoffmengen ebenfalls Kosten durch einen niedrigeren Einkaufs-
preis eingespart werden.[32]

Bei der Investition in ein anderes Unternehmen
sind Synergieeffekte ebenfalls von großer Bedeutung. Hierbei ist darauf zu achten, das nur

---

[31] Burger,A., Ulbrich, P., Ahlemeyer, N. (2010) Beteiligungscontrolling,
S. 114

[32] Burger,A., Ulbrich, P., Ahlemeyer, N. (2010) Beteiligungscontrolling,
S. 114ff

positive und keine negativen Synergieeffekte auftreten. Synergieeffekte können zum Beispiel zur Reduzierung der anteiligen Fixkosten pro Stück genutzt werden.

Auch können durch Synergien die Risiken des Unternehmensverbundes reduziert und der internationale Marktzugang erleichtert werden. Im Weiteren kann die Marktmacht ausgebaut und das internationale Image gefördert und ausgebaut werden.[33]

Durch die Anwendung von verschiedenen Strategien beziehungsweise eine gezielte Investition entsteht die Möglichkeit, ein definiertes Gesamtziel zu erreichen. Auch besteht durch eine gezielte Planung die Möglichkeit, die Investition auf einen optimalen Zeitpunkt zu verschieben.[34]

---

[33] Burger,A., Ulbrich, P., Ahlemeyer, N. (2010) Beteiligungscontrolling, S. 116ff

[34] Burger,A., Ulbrich, P., Ahlemeyer, N. (2010) Beteiligungscontrolling, S. 123

3.1 ANALYSE, SUCHE UND VORAUS-WAHL

Zur Analyse des potenziellen Akquise Kandidaten sollte ein sogenanntes Scoring Verfahren durchgeführt werden. Das Verfahren umfasst die Wettbewerbsposition, die Synergiepotenziale sowie die Jahresabschlüsse des Kandidaten.

Die Analyse der Wettbewerbsposition umfasst unter anderem den Konkurrenzdruck, die Umsatzerlöse und das -wachstum, den Trend des Umsatzwachstums und des Marktanteils sowie die Abhängigkeit von bestimmten Kunden, beispielsweise Großkunden wie Supermarktketten.[35]

---

[35] Burger,A., Ulbrich, P., Ahlemeyer, N. (2010) Beteiligungscontrolling, S. 135

Bei der Analyse der Synergiepotenziale können beispielsweise die Qualifikationen der Mitarbeiter und des Managements, das technologische, marketing- und vertriebsbezogene Know-how, das Innovationspotenzial und das interne Controlling berücksichtigt werden.[36]

Um eine umfassende Beurteilung über die finanzielle Lage des potenziellen Akquisitionskandidaten zu treffen, ist eine gründliche Bilanzanalyse notwendig. Aus dem Jahresabschluss können beispielsweise aussagekräftige Kennzahlen, wie das return on investment errechnet werden.

Auch sind Zahlen wie der cashflow, die Kapitalstruktur des Unternehmens, der Verschuldungsgrad sowie Lohn- und Gehaltskosten von Bedeutung. Auch können aus Vergleichen zwischen aktuellen und vergangenen Zahlen

---

[36] Burger,A., Ulbrich, P., Ahlemeyer, N. (2010) Beteiligungscontrolling, S. 135

Trends beim cashflow, sowie beim rteturn on Investment abgeleitet werden.[37]

Jedoch sind neben den Kennzahlen insbesondere der Akquisitionspreis und die erwarteten Vorteile, wie Synergieeffekte ausschlaggebend. Üblicherweise liegt der Akquisitionspreis bei einer kompletten Firmenübernahme über der Bilanzsumme. Auch sollten die zuvor analysierten Werte nicht nur als Kennzahl, sondern als absoluter Wert betrachtet werden.[38]

Nach der Analyse von mehreren potenziellen Firmen sollte ein Ranking erstellt werden. Im Ranking sollten jedoch nicht nur finanzielle Werte mit einbezogen werden, sondern ebenfalls die Wettbewerbsqualität, der ökonomische Vorteil sowie die Qualität der Mitarbeiter und des Managements.

---

[37] Burger,A., Ulbrich, P., Ahlemeyer, N. (2010) Beteiligungscontrolling, S. 135

[38] Burger,A., Ulbrich, P., Ahlemeyer, N. (2010) Beteiligungscontrolling, S. 136

Hierbei ist jedoch zu beachten, dass die Rangliste nicht dazu genutzt werden sollte, eine finale Übernahmeentscheidung zu treffen, sondern mit welchem Unternehmen zuerst bezüglich einer Akquisition Kontakt aufgenommen werden soll.[39]

Zur Analyse eignet sich ebenfalls der sogenannte attractiveness-, der cost-of-entry sowie der Better-off-Test. Bei dem attractiveness-Test werden beispielsweise Renditen mit dem Marktsektor in Relation gesetzt. Der cost-of-entry-Test setzt hingegen die Markteintrittskosten mit den zu erwartenden Gewinnen in Relation. Mit dem better-off-Test lassen sich die durch die Akquisition entstehenden Wettbewerbsvorteile veranschaulichen.[40]

---

[39] Burger,A., Ulbrich, P., Ahlemeyer, N. (2010) Beteiligungscontrolling, S. 136

[40] Burger,A., Ulbrich, P., Ahlemeyer, N. (2010) Beteiligungscontrolling, S. 136

3.2 KONTAKTAUFNAHME ZUM UNTER-NEHMEN

Nachdem die Rangliste erstellt wurde, erfolgt eine erste Kontaktaufnahme mit den ersten potenziellen Akquisitionskandidaten. Der Kontakt wird üblicherweise mit dem Management oder den Eigentümern des Unternehmens hergestellt. Hierbei wird zunächst die Bereitschaft zum Unternehmensverkauf analysiert.

Sofern sich dabei ein positives Verkaufssignal zeigt, können weitere Informationen über das Unternehmen gesammelt beziehungsweise angefordert werden. Dies können beispielsweise weitere Daten zur Analyse der Potenziale, sowie Informationen über die Unternehmensbewertung zur erweiterten Analyse genutzt werden.[41]

---

[41] Burger,A., Ulbrich, P., Ahlemeyer, N. (2010) Beteiligungscontrolling, S. 137

3.3 BEURTEILUNG UND BEWERTUNG

Nachdem bei der Kontaktaufnahme festgestellt wurde, dass eine Akquisition möglich wäre, stellt der Verkäufer dem Käufer weitere Informationen zur Verfügung. Diese dienen zur weiteren Analyse und letztendlich zur Ermittlung des Betrages, den das Unternehmen bereit ist, für die Übernahme zu offerieren.[42]

Um die notwendigen Unternehmensdaten zur Analyse und Bewertung zu erhalten, wird üblicherweise eine Geheimhaltungserklärung unterzeichnet. Dies dient insbesondere dazu, dass die vertraulichen internen Unternehmensdaten nicht an Dritte, insbesondere an Mitbewerber derselben Branche, übermittelt werden.

Auch werden üblicherweise weitere Punkte in einem Vertrag zwischen dem Verkäufer und

---

[42] Burger,A., Ulbrich, P., Ahlemeyer, N. (2010) Beteiligungscontrolling, S. 139

dem Käufer vereinbart. Hierbei können beispielsweise Folgen eines Vertragsbruches, die
zuvor erwähnte Geheimhaltungserklärung, sowie ein Haftungsausschluss vereinbart werden.
[43]

Üblicherweise wird auch eine sogenannte „due
Diligence" durchgeführt. Dieses Konzept soll si-
cherstellen, dass die gebührende Sorgfalt bei
der Auswahl beziehungsweise der Analyse des
Unternehmens getroffen wird. Die Ausführung
des „due Diligence" erfolgt üblicherweise durch
eine vor-Ort-Analyse des potenziellen Akquise
Unternehmens.[44]

Insbesondere soll durch das „due Diligence"
Konzept die mögliche Rendite nach der Akquisition, sowie das Unternehmensrisiko ermittelt
werden. Des Weiteren sollen auch alle möglichen Unsicherheitsfaktoren, die vor und nach

---

[43] Burger,A., Ulbrich, P., Ahlemeyer, N. (2010) Beteiligungscontrolling, S. 139

[44] Burger,A., Ulbrich, P., Ahlemeyer, N. (2010) Beteiligungscontrolling, S. 141ff

dem Akquisitionsprozess auftreten können, ausgeschlossen werden. Der gesamte „due Diligence" Prozess kann teilweise mit einem Audit eines Wirtschaftsprüfers verglichen werden und stellt somit ebenfalls eine umfassende Analyse der Unternehmensdaten dar.[45]

---

[45] Burger,A., Ulbrich, P., Ahlemeyer, N. (2010) Beteiligungscontrolling, S. 142ff

3.4 TRANSAKTION

Nachdem die beiden Unternehmen positive Effekte ermitteln konnten, müssen sich die Beteiligten auf einen angemessenen Transaktionspreis einigen. Eine Ermittlung eines Akquisitionspreises ist oftmals sehr aufwendig und schwierig, dies liegt insbesondere daran, dass für diese Art von Transaktionen kein Marktpreis existiert.[46]

Auch die Analysedaten aus der „due Diligence" liefern für die Ermittlung eines adäquaten Übernahmepreises nicht alle notwendigen Daten. Neben dem in der „due Diligence" ermittelten Preis nehmen beispielsweise das Marktumfeld und die -position der beiden Vertragspartner einen Einfluss auf den Transaktionspreis.[47]

---

[46] Dreher, M. (2010) Unternehmenswertorientiertes Beteiligungscontrolling, S. 274ff

[47] Dreher, M. (2010) Unternehmenswertorientiertes Beteiligungscontrolling, S. 275

Jedoch liegt der Transaktionspreis oftmals über dem eigentlichen Wert, somit fließt hierbei der sogenannte „Goodwill" in den Transaktionspreis ein. Der „Goodwill" kann nach der abgeschlossenen Transaktion ebenfalls in der Bilanz ausgewiesen werden. Des Weiten ist ein höherer Transaktionspreis ein Indikator dafür, dass beide Verhandlungspartner einen positiven Effekt durch die Transaktion vermuten.[48]

Der Abschluss des Transaktionsprozesses stellt das sogenannte „closing" dar, an diesem vertraglich vereinbarten Tag, müssen die wesentlichen Teile der Transaktion durchgeführt worden sein. Zu diesem Zeitpunkt oder kurz nach diesem Stichtag werden oftmals Kontrollen über den Fortschritt des Prozesses durchgeführt.[49]

---

[48] Dreher, M. (2010) Unternehmenswertorientiertes Beteiligungscontrolling, S. 275 ff

[49] Burger,A., Ulbrich, P., Ahlemeyer, N. (2010) Beteiligungscontrolling, S. 230

3.5 INTEGRATION

Nachdem die Transaktion erfolgreich durchgeführt wurde, kann eine Phase der Integration stattfinden. In dieser Phase kann das Beteiligungscontrolling dazu dienen, Bewertungs-, Planungs- und Kontrollaufgaben durchzuführen. Da die Aufgabe der Integration oftmals zusätzliches Wissen erfordert und einen aufwendigen Prozess darstellt, kann die Integration von einem speziellen unternehmensinternen Transaktionsteam übernommen werden.[50]

Da der Prozess der Integration und der Transaktion oftmals fließend sind, stellt das „closing" der Transaktionsphase zeitgleich einen Bestandteil der Integrationsphase dar. Die Integrationsphase ist von sehr hoher Bedeutung, da

---

[50] Burger,A., Ulbrich, P., Ahlemeyer, N. (2010) Beteiligungscontrolling, S. 68ff

mit einer Misserfolgsrate von 65% die Integration häufig scheitert.[51]

Daher ist für diese Phase eine gründliche Planung von hoher Bedeutung. Neben der gründlichen Planung ist eine Dokumentation des Integrationsprozesses von Bedeutung. Des Weiteren muss vor der Integration ein umfangreiches Konzept entwickelt werden, damit die Akquisitionspartner sich letztendlich zu einem Unternehmensverbund zusammenschließen können.[52]

Der Integrationsprozess hängt insbesondere von der Art der Beteiligung beziehungsweise der Struktur ab. Beispielsweise kann zwischen

---

[51] Burger,A., Ulbrich, P., Ahlemeyer, N. (2010) Beteiligungscontrolling, S. 233

[52] Burger,A., Ulbrich, P., Ahlemeyer, N. (2010) Beteiligungscontrolling, S. 234

einer Finanz-, oder Management-Holding, einem Stammhaus beziehungsweise einem inte-
grierten Konzern unterschieden werden.[53]

Bei einer Management-Holding ist die Konzern-
mutter dazu befugt, auf alle finanzwirtschaftlichen und strategischen Fragestellungen Einfluss zu nehmen. Somit sind die Tochtergesell-
schaften nur dazu befugt, eigenständige, operative Entscheidungen zu treffen.[54]

Hingegen hat die Muttergesellschaft bei einer
Finanz-Holding nur die Möglichkeit einen Einfluss auf die finanzwirtschaftlichen Belange zu
nehmen. Somit hat die Tochtergesellschaft eine
größere Freiheit in strategischen und operativen Belangen.[55]

[53] Burger,A., Ulbrich, P., Ahlemeyer, N. (2010) Beteiligungscontrolling,
S. 234

[54] Gabler Verlag (Herausgeber), Gabler Wirtschaftslexikon, Stichwort:
Holdingstruktur

[55] Gabler Verlag (Herausgeber), Gabler Wirtschaftslexikon, Stichwort:
Holdingstruktur

Das Ziel der Integration liegt in der Steigerung der Werte beider Unternehmen. Die Wertsteigerung liegt dann vor, wenn nach der Integration die Summe des Unternehmenswertes höher ist, als der Wert vor der Integration. Im Weiteren lassen sich ebenfalls Synergien zwischen den Unternehmen analysieren.[56]

---

[56] Burger,A., Ulbrich, P., Ahlemeyer, N. (2010) Beteiligungscontrolling, S. 238

4 STRATEGISCHE INVESTITION

Nachdem in Punkt 3 die notwendigen Ziele der Investitionen festgelegt wurden, sowie die Durchführbarkeit des Vorhabens überprüft wurde, erfolgt eine Abstimmung bezüglich der Finanzierung des Gesamtprojektes. Anschließend wird die Steuerung der Investitionsdurchführung und letztendlich die Realisierung der Akquisition erklärt.[57]

Bei der rechnerischen Prüfung erfolgt eine Überprüfung der Durchführbarkeit anhand verschiedener Kennzahlen. Für diese sogenannte Investitionsrechnung werden Daten, wie Kosten, Erlöse, Aus- und Einzahlungen benötigt. Als Kennzahlen kommen hierbei Rentabilitätskennziffern, sowie beispielsweise die Amortisationsdauer infrage.[58]

---

[57] ter Horst, K. W. (2009) Investition, 2. Auflage, S. 19
[58] ter Horst, K. W. (2009) Investition, 2. Auflage, S. 24

Bei der Gesamtkapitalrentabilität ist grundsätzlich zwischen der Gesamtkapitalrentabilität vor und nach Steuern zu unterscheiden. Hierbei wird entweder der Gewinn vor Zinsen und Steuern oder nach Steuern in Relation zum Gesamtkapital gesetzt.[59]

Bei der Eigenkapitalrentabilität kann analog zwischen der Eigenkapitalrentabilität vor und nach Steuern unterschieden werden. Hierbei wird entweder der Gewinn vor Zinsen und oder nach Steuern in Relation zum Eigenkapital gesetzt.[60]

Die Umsatzrentabilität kann in die Brutto- und die Netto-Umsatzrentabilität unterteilt werden. Bei der Brutto-Umsatzrentabilität steht der Erfolg vor Zinsen und Steuern in Relation zu den Nettoumsätzen, hingegen steht bei der Netto-

---

[59] Gabler Verlag (Herausgeber), Gabler Wirtschaftslexikon, Stichwort: Rentabilität

[60] Gabler Verlag (Herausgeber), Gabler Wirtschaftslexikon, Stichwort: Rentabilität

Umsatzrentabilität der Erfolg nach Zinsen und Steuern in Relation zu den Nettoumsätzen.[61]

Die Amortisationsdauer beziehungsweise die sogenannte Pay-back Period ist ein Indikator, bei dem die Gewinne aus dem Investment in Relation zu den Akquisitionskosten gestellt werden. Dabei wird ausgerechnet, nach welcher Periode die erzielten Gewinne die Auszahlungen bei der Akquisition übersteigen.[62]

Da eine rechnerische Prüfung jedoch nicht immer möglich ist, erfolgt eine nicht rechnerische Prüfung basierend auf qualitativen Aspekten. Hierzu kann beispielsweise eine sogenannte Nutzwertanalyse durchgeführt werden.

Ein weiterer wichtiger Bestandteil ist jedoch die Erfassung der Ein- und Auszahlungen bei den Transaktionen. Große monetäre Auszahlungen

---

[61] Gabler Verlag (Herausgeber), Gabler Wirtschaftslexikon, Stichwort: Rentabilität

[62] Gabler Verlag (Herausgeber), Gabler Wirtschaftslexikon, Stichwort: Payback Period

fallen insbesondere bei der Akquisition einer neuen Beteiligung an. Größere Einzahlungen werden hingegen bei dem Verkauf einer Beteiligung erfasst.[63]

Daher ist es besonders wichtig, vorab eine grundlegende Finanzplanung durchzuführen. Hierbei muss stets sichergestellt werden, dass für Akquisitionen genügend liquide Mittel vorhanden sind oder notwendige Kredite aufgenommen werden, sofern der Finanzplan einen höheren Bedarf aufzeigt als liquide Mittel zur Verfügung stehen.

Des Weiteren müssen Kreditlaufzeiten und die notwendigen Tilgungen stets berücksichtigt werden. Nachdem all diese Daten zur Verfügung stehen, kann letztendlich entschieden werden, ob eine Investition mit eigenen Mitteln,

---

[63] ter Horst, K. W. (2009) Investition, 2. Auflage, S. 25

mit Hilfe von Fremdkapital oder überhaupt getätigt werden kann.[64] Neben der Berücksichtigung von Zahlungsströmen sind hierbei auch die erwarteten Erträge aus den getätigten Investitionen in den Planungen zu erfassen.

Zu beachten ist jedoch, dass sich die gesamte Beteiligungsphase aus drei Einzelphasen zusammensetzt. Der Beteiligungsprozess beginnt zuerst mit der Investition, danach wird die Beteiligung gehalten, und sofern diese keinen positiven Beitrag mehr zum Unternehmen beziehungsweise zum Konzern leistet, erfolgt die Desinvestition in Form des Beteiligungsverkaufs.[65]

Auch ist ein aktives Management der Beteiligung über den gesamten Zeitraum der Beteili-

---

[64] ter Horst, K. W. (2009) Investition, 2. Auflage, S. 26

[65] Gleich, R., Horváth, P., Michel, P. (Hrsg.) (2011) Finanz-Controlling, S. 228

gungsphase notwendig. Hierbei ist ein sorgfäl-
tiges Monitoring von großer Bedeutung, insbesondere dann, wenn nicht auf die klassische
buy-and-hold Strategie gesetzt werden soll.[66]

Es muss auch grundsätzlich sichergestellt werden, dass die erzielte Rendite die Kosten, wel-
che beispielsweise durch eine Kreditaufnahme
entstehen, übersteigt. Zusätzlich sollte während der hold Phase auch analysiert werden, ob
sich ein Wertzuwachs bei dem Unternehmen
ergibt, von dem eine Beteiligung gehalten
wird.[67]

Auch ist bei der strategischen Investitionsplanung darauf zu achten, ob die Beteiligung noch
als strategisch wichtig eingestuft werden kann.
Sofern die Beteiligung zukünftig nicht mehr als

---

[66] Gleich, R., Horváth, P., Michel, P. (Hrsg.) (2011) Finanz-Controlling, S. 228

[67] Gleich, R., Horváth, P., Michel, P. (Hrsg.) (2011) Finanz-Controlling, S. 235

strategisch bedeutend eingestuft werden kann, sollte sie zukünftig abgestoßen werden.[68]

Hierbei ist wiederum zu unterscheiden, ob die Beteiligung ein Bestandteil des Anlagevermögens oder ein Teil des Umlaufvermögens darstellt. Eine Beteiligung, die sich im Umlaufvermögen befindet, kann für gewöhnlich schneller verkauft werden, als ein Bestandteil des Anlagevermögens.[69]

Somit ist der Prozess der strategischen Investitionsplanung einer der wichtigsten Bestandteile im Beteiligungscontrolling. Dies begründet sich insbesondere dadurch, dass die Investitionsplanung einen großen Einfluss auf zukünftige Gewinne, die durch die Investitionen erzielt werden, ausübt.

---

[68] Ermschel, U., Möbius, C., Wengert, H. (2011) Investition und Finanzierung, 2. Auflage, S. 128

[69] Ermschel, U., Möbius, C., Wengert, H. (2011) Investition und Finanzierung, 2. Auflage, S. 128

5   PORTFOLIOOPTIMIERUNG

Vor der Optimierung muss das bestehende
Portfolio des Unternehmens analysiert werden.
Des Weiteren müssen die optimalen Strategien
für jede einzelne Beteiligung ermittelt werden,
sodass letztendlich das Beteiligungscontrolling
optimal angepasst werden kann.[70]

In die Analyse des Beteiligungsportfolios fließen spezifische Faktoren, die auf den Beteili-
gungshalter beziehungsweise den Konzern
ausgerichtet sind, mit ein. Hierzu zählen Ein-
flussfaktoren auf Beteiligungen, Synergien sowie strategisch relevante Faktoren. Diese Faktoren müssen in Einklang mit dem Beteiligungscontrolling gebracht werden.[71]

Ein aktives Management des Portfolios dient
insbesondere der Erhöhung des Wertbeitrags

---

[70] Vogler, S. (2009) Beteiligungscontrolling für mittelständische Unternehmen, S. 79

[71] Vogler, S. (2009) Beteiligungscontrolling für mittelständische Unternehmen, S. 80

insgesamt. Somit sollte ein optimales Verhältnis zwischen wert- und cash-generierten Erträgen sichergestellt werden. Somit müssen sogenannte Wertverzehrer schnellstmöglich verkauft und der Fokus auf sogenannte Wertgenerierer gesetzt werden.[72]

Insbesondere, weil der Wettbewerb zwischen den Unternehmen immer dynamischer wird, müssen entstehende Chancen zur Steigerung des Wertes schnell ergriffen werden. Somit ist ein aktives Management des Portfolios von grundlegender Bedeutung und steht in Kontrast zu der sonst angewandten reinen Betreuung des Portfolios.[73]

Als Basis der Portfoliooptimierung dient in jedem Fall die Ausrichtung des Gesamtunterneh-

---

[72] Peters, M. (2002) Wertorientiertes Beteiligungscontrolling Thyssen-Krupp Materials, S. 41

[73] CFO Aktuell (2008) Ausgabe Oktober 2008, S. 192

mens. Zudem müssen die Manager des Portfolios beziehungsweise der Mitarbeiter auf Fragen zur Veränderung in Bezug auf steuerliche, rechtliche und operative Aspekte schnell reagieren und diese beantworten können.[74]

Probleme im Zusammenhang mit dem Portfoliomanagement treten oftmals erst bei der zunehmenden Anzahl der verbundenen Unternehmen, insbesondere bei Änderung der rechtlichen beziehungsweise gesetzlichen Grundlagen.[75]

Beispiele für einen gesetzlichen Einfluss bieten die EU-Transparenzrichtlinie (RL 2004/109/EG), sowie der Sarbanes-Oxley-Act und zunehmende Corporate Governance Verpflichtungen. Zudem steigen ebenfalls die Verpflichtungen zum Reporting beziehungsweise

[74] CFO Aktuell (2008) Ausgabe Oktober 2008, S. 192

[75] CFO Aktuell (2008) Ausgabe Oktober 2008, S. 192

zur Veröffentlichung und der Einfluss von weiteren Stakeholdern, wie beispielsweise Aktio-
nären an.[76]

Deshalb wird das aktive Portfoliomanagement
immer von größerer Bedeutung, insbesondere
ab einer Anzahl von Beteiligungen größer 20.
Jedoch sollten die Informationen aktiv gemanagt und verknüpft werden, statt diese nur
handschriftlich in verschiedenen Akten aufzu-
zeichnen. Somit ist es unter anderem von großer Bedeutung in Bezug auf das Gesamtportfo-
lio einen einheitlichen Standard, beispielsweise
in Form eines internen Handbuches niederzu-
schreiben.[77]

Ein Problem bei der Zusammenführung aller
notwendigen Informationen besteht darin, dass
oftmals viele Informationen an unterschiedli-

---

[76] CFO Aktuell (2008) Ausgabe Oktober 2008, S. 192

[77] CFO Aktuell (2008) Ausgabe Oktober 2008, S. 192ff

chen Stellen vorhanden sind. Somit ist es bedeutsam zur Sammlung der Informationen eine zentrale Stelle einzurichten und eine Anweisung an alle betroffenen Abteilungen herauszugeben, sodass stets eine automatische Informationsweitergabe gewährleistet ist.[78]

Bei der Implementationsphase des Systems zur Informationssammlung ist es ratsam, einen zuverlässigen Projektmanager einzusetzen. Dieser führt zunächst eine Bestandsaufnahme durch, anschließend legt der Projektmanager verschiedene Meilensteine, beispielsweise in einer Dokumentation fest und plant eventuell ein Training für die betroffenen Mitarbeiter.[79]

Im weiteren Projektverlauf erfolgt beispielsweise die Installation eines neuen Computerprogramms sowie dessen Anpassung auf die individuellen Bedürfnisse des Unternehmens.

---

[78] CFO Aktuell (2008) Ausgabe Oktober 2008, S. 193

[79] CFO Aktuell (2008) Ausgabe Oktober 2008, S. 194

Letztendlich wird das Projekt durch den Projekt-
leiter freigegeben und die notwendigen Schu-
lungen werden zeitgleich durchgeführt.[80]

Zur Optimierung des Portfolios müssen auf
Ebene der Muttergesellschaft konkrete Ziele für
die Beteiligungsgesellschaften festgelegt werden. Zudem sollten auch strategische Ziele und
Wettbewerbsstrategien abgestimmt werden.

Durch eine aktive Optimierung des Portfolios
können entstehende Risiken frühzeitig erkannt
und geeignete Gegenmaßnahmen entwickelt
und ergriffen, während gleichzeitig strategische
Unternehmensentscheidungen berücksichtigt
werden. Auch fließen weitere Informationen wie
die Marktentwicklung sowie Lageberichte mit in
die Optimierung ein.[81]

---

[80] CFO Aktuell (2008) Ausgabe Oktober 2008, S. 194

[81] SAP (2006) Beteiligungsmanagement in SAP

Beispielsweise lässt sich eine aktive Optimierung des Portfolios mit Unterstützung eines bestehenden SAP-Systems realisieren, sofern eine bestehende gemeinsame Datenbasis genutzt werden kann. Hierzu werden das SAP-R/3-Modul Enterprise Consolidation, sowie das SAP Consolidation System genutzt.[82]

Mit dieser Unterstützung ist es ebenfalls möglich, dass Geschäftsabläufe automatisiert aufgezeichnet werden, sodass auch eine eventuelle Änderungsnachverfolgung realisiert werden kann und die Transparenz, sowie die Qualität erhöht wird.

Durch den automatisierten Softwareeinsatz können Zahlen aus anderen Abteilungen automatisch einfließen und zu jedem Zeitpunkt beispielsweise eine Vorabbilanz oder eine betriebswirtliche Auswertung erstellt werden.

---

[82] SAP (2006) Beteiligungsmanagement in SAP

Hierdurch können ebenfalls alle Informations-anforderungen der Stakeholder gewährleistet werden.[83]

Auch können bei einem aktiven Portfolioma-nagement zu jedem Zeitpunkt aussagekräftige Kennzahlen, die zur Optimierung des Portfolios eingesetzt werden können, ausgegeben wer-den.[84]

Beispielsweise lässt sich am Portfoliomanage-ment von ThyssenKrupp im Zeitraum vom 1. Oktober 1998 bis zum 30. September 2001 ein Gesamtvolumen bei den Desinvestitionen in Höhe von 2,5 Milliarden Euro und ein Akquisiti-ons-Volumen in Höhe von 3,7 Milliarden Euro erkennen.[85]

---

[83] SAP (2006) Beteiligungsmanagement in SAP

[84] SAP (2006) Beteiligungsmanagement in SAP

[85] Peters, M. (2002) Wertorientiertes Beteiligungscontrolling Thyssen-Krupp Materials, S. 42

Hierbei ist zu erkennen, dass die meisten Desinvestitionen in den Bereichen Steel, Technolo-
gies und andere getätigt wurden. Hingegen
stiegen die Investitionen in den Bereichen Ma-
teriale, Aufzüge und Service signifikant an.[86]

Als Beispiel für die Akquisition von Thyssen-
Krupp Materials können die folgenden Firmen
aufgeführt werden: Mannesmann Handel, Frei-
burger Stahlhandel, Dr. Mertens Edelstahlhan-
del, Copper & Brass (USA), AIN Plastics (USA),
Neomat (CH), Ferroglas (AT), Smitfort Staal
(NL), Ferroglobus (H), Lagermex (Mexico), Pal-
metal (P), HEVA (E), Fischer Service Acier (F)
sowie Energostal (PL).[87]

Hierbei wurde jedoch im Vergleich zwischen
1996 (12,5 Milliarden Euro Umsatz mit 35.000
Mitarbeitern) und 2001 (12,7 Milliarden Euro

---

[86] Peters, M. (2002) Wertorientiertes Beteiligungscontrolling Thyssen-
Krupp Materials, S. 42

[87] Peters, M. (2002) Wertorientiertes Beteiligungscontrolling Thyssen-
Krupp Materials, S. 74

Umsatz mit 39.900 Mitarbeitern) nur ein gerin-
ges Umsatzwachstum in Höhe von 0,2 Milliarden Euro erwirtschaftet, bei einem gleichzeiti-
gen Anstieg von 4.900 Mitarbeitern. Hieraus
lässt sich ableiten, dass der Umsatz pro Mitarbeiter von 357.142 Euro auf 318.295 Euro und
somit um 38.846 Euro pro Jahr gesunken ist,
somit wurde bei der Investition und Desinvestition kein Umsatzwachstum erzielt.[88]

---

[88] Peters, M. (2002) Wertorientiertes Beteiligungscontrolling Thyssen-
Krupp Materials, S. 75

6 FAZIT

Das Beteiligungscontrolling, im Englischen participation controlling, ist ein fundamentaler Bestandteil eines Unternehmens, das Beteiligungen in einem anderen Unternehmen hält, insbesondere für einen Konzern.

Mithilfe des Beteiligungscontrollings können bestehende Beteiligungen analysiert und zuverlässig gemanagt werden. Für neue potenzielle Beteiligungen liefert das Beteiligungscontrolling Informationen, insbesondere im Hinblick auf die Rentabilität und Realisierbarkeit des gesamten Vorhabens.

Auch kann durch eine strategische Planung verhindert werden, dass bestehende Beteiligungen eingefahrene Gewinne reduzieren oder das Unternehmen durch mehrere unrentable Beteiligungen in die Verlustzone gerät. Zeitgleich kann durch eine strategische Auslegung der Investitionen der Gesamtgewinn des Unternehmens maximiert werden.

LITERATURVERZEICHNIS

Burger,A., Ulbrich, P., Ahlemeyer, N. (2010) Beteiligungscontrolling, 2. Auflage, Oldenbourg Wissenschaftsverlag, München

CFO Aktuell (2008) Ausgabe Oktober 2008

Dreher, M. (2010) Unternehmenswertorientiertes Beteiligungscontrolling, Josef Eul Verlag, Köln

Ermschel, U., Möbius, C., Wengert, H. (2011) Investition und Finanzierung, 2. Auflage, Springer Verlag, Heidelberg

Gabler Verlag (Herausgeber), Gabler Wirtschaftslexikon, Stichwort: Holdingstruktur, online im Internet: http://wirtschaftslexikon.gabler.de/Archiv/6368/holdingstruktur-v6.html (Zugriff am 19.12.2012)

Gabler Verlag (Herausgeber), Gabler Wirtschaftslexikon, Stichwort: Payback Period, online im Internet: http://wirtschaftslexikon.gabler.de/Archiv/79508/payback-period-v2.html (Zugriff am 18.12.2012)

Gabler Verlag (Herausgeber), Gabler Wirtschaftslexikon, Stichwort: Rentabilität, online im Internet: http://wirtschaftslexikon.gabler.de/Archiv/798/rentabilitaet-v9.html (Zugriff am 18.12.2012)

Gleich, R., Horváth, P., Michel, P. (Hrsg.) (2011) Finanz-Controlling, Strategische und operative Steuerung der Liquidität, Haufe-Lexware GmbH, Freiburg

Handelsgesetzbuch, Gesetz vom 10.05.1897, zuletzt geändert durch Gesetz vom 22.12.2011

Peters, M. (2002) Wertorientiertes Beteiligungscontrolling ThyssenKrupp Materials, online im Internet: http://www.competence-site.de/filedownload/cns-i?id=i_file_26418 (Zugriff am 19.12.2012)

SAP (2006) Beteiligungsmanagement in SAP, online im Internet: http://www.zetvisions.de/de/Presse/Fachbeitraege/SAP_INFO_Beteiligungsmanagement_DE.pdf (Zugriff am 19.12.2012)

Schaefer, C. (2003) Steuerung und Kontrolle von Investitionsprozessen, Deutscher Universitäts-Verlag, Wiesbaden

ter Horst, K. W. (2009) Investition, 2. Auflage, W. Kohlhammer Verlag, Stuttgart

Vogler, S. (2009) Beteiligungscontrolling für mittelständische Unternehmen: Gestaltung und Einführung eines Konzeptes, IGEL Verlag, Hamburg